Youssef El-Baghdadi

Gemeinsame Außen- und Sicherheitspolitik der EU

GRIN Verlag

Bibliografische Information der Deutschen Nationalbibliothek:

Die Deutsche Bibliothek verzeichnet diese Publikation in der Deutschen National-
bibliografie; detaillierte bibliografische Daten sind im Internet über http://dnb.d-
nb.de/ abrufbar.

Impressum:

Copyright © 2003 GRIN Verlag GmbH
Druck und Bindung: Books on Demand GmbH, Norderstedt Germany
ISBN: 978-3-638-77316-4

Dieses Buch bei GRIN:

http://www.grin.com/de/e-book/51014/gemeinsame-aussen-und-sicherheitspolitik-
der-eu

GRIN - Your knowledge has value

Der GRIN Verlag publiziert seit 1998 wissenschaftliche Arbeiten von Studenten, Hochschullehrern und anderen Akademikern als eBook und gedrucktes Buch. Die Verlagswebsite www.grin.com ist die ideale Plattform zur Veröffentlichung von Hausarbeiten, Abschlussarbeiten, wissenschaftlichen Aufsätzen, Dissertationen und Fachbüchern.

Besuchen Sie uns im Internet:

http://www.grin.com/

http://www.facebook.com/grincom

http://www.twitter.com/grin_com

Fachhochschule für Ökonomie und Management

Seminararbeit Europarecht

Die Gemeinsame Außen- und Sicherheitspolitik der EU

von

El-Baghdadi Youssef

Inhaltsverzeichnis

Abkürzungsverzeichnis

Abkürzung	Bezeichnung
GASP	Gemeinsame Außen- und Sicherheitspolitik
EPZ	Europäische Politische Zusammenarbeit
EU	Europäische Union
EVG	Europäische Verteidigungsgemeinschaft
EEA	Einheitliche Europäische Akte
EUV	EU-Vertrag

1 Einleitung

1.1 Problemstellung

Nach den beiden Weltkriegen, die einen Großteil an Zerstörung mit sich brachten gab der damalige britische Premierminister Winston Churchill den Hoffnungen und Wünschen europäischer Völker nach einem geeinten friedlichen Europa in seiner Rede am 19. Sep. 1946 in Zürich Ausdruck[1]. Doch diese Bestrebungen stießen auf Widerstand, das sich aus den Gedanken der Schaffung eines gemeinsamen Bundesstaates mit eigener einheitlicher Souveränität, und damit der Verzicht auf die eigenen nationalen Souveränitäten entstand. Grundlage dieser Vorstellungen war die europäische Verfassung, die einen Bundesstaat mit einer europäischen Regierung, einem direkt wählbaren europäischen Parlament und einem europäischen Gerichtshof vorsah[2]. Einen herausragenden Erfolg hingegen konnte in der Bereitschaft der europäischen Länder für eine enge Zusammenarbeit auf wirtschaftlicher und politischer Ebene erzielt werden. Einen tatsächlichen Anstoß zur Realisierung eines geeinten Europas gaben die verwirklichte europäische Konvention zum Schutz der Menscherechte und Grundfreiheiten, die europäische Menschenrechtskommission und der europäische Gerichtshof für Menscherechte.

1.2 Zielsetzung

Diese Seminararbeit soll dem Leser die zweite Säule der EU näher bringen, und die Schwierigkeiten einer konkreten Politik in den Bereichen der Außen-, Sicherheits- und Verteidigungspolitik darstellen. Des weiteren wird Bezug zu den Organen der EU genommen, die also die Gestaltung und das Vorantreiben dieses Bereiches zu verantworten haben.

---

[1] Vgl.: Die Europäische Union, ElkeThiel 1998, S. 11

[2] Vgl.: Die Europäische Union, ElkeThiel 1998, S. 11

2 Von Gemeinschaften zu gemeinsamen Politiken

2.1 Europäische Gemeinschaften

Die Wichtigsten Ziele einer Einigung zwischen den westeuropäischen Staaten waren zum einen der wirtschaftliche Wiederaufbau und die politische Aussöhnung, und zum anderen eine gemeinsame Verteidigung gegenüber dem Osten aufzubauen. Dies ließ sich durch die Schaffung der sog. OECD-Staaten, also Europäische Wirtschaftliche Zusammenarbeit, und der NATO, als zentrale Institution für die militärische Sicherheit des „freien Europas" konkretisieren.[3] Die Grundsteine einer Wirtschaftlichen Zusammenarbeit sind durch die drei Teil-Gemeinschaften gelegt worden. Das sind:

-   Europäische Gemeinschaft für Kohle und Stahl (EGKS)

-   Europäische Wirtschaftsgemeinschaft (EWG)

-   Europäische Atomgemeinschaft (Euratom)

Nach der Integration der Märkte sollte die Integration der Politiken folgen. Es soll eine einheitliche europäische Währung und eine Gemeinsame Außen- und Sicherheitspolitik entstehen. Maßgebend für diesen Integrationsprozesses war der sog. Vertag von Maastricht, der am 1. Nov. 1993 in Kraft trat. Damit verbunden wurde der Begriff „Europäische Union" eingeführt.

Zur Hervorhebung des eigentlichen Zieles soll die nächste Abbildung der drei Säulen der EU einen Überblick verschaffen.

---

[3] Vgl.: Die Europäische Union, ElkeThiel 1998, S. 14

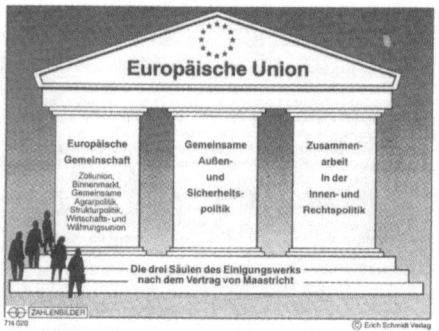

2. Die drei Säulen der EU

Abb.1: Die drei Säulen der EU in Anlehnung Erich Schmidt Verlag

2.2 Die EVG und EPZ als Vorstufen der GASP

Bevor in den nächsten Kapiteln die GASP behandelt wird, soll die EVG und die EPZ, also die Schaffung einer Europäischen Verteidigungsgemeinschaft bzw. Europäische Politische Zusammenarbeit näher dargestellt, und ihre Bedeutungen für die GASP hervorgehoben werden. Nach dem die beteiligten Gründerstaaten die drei Gemeinschaften EGKS, EWG und EURATOM auf erfolgreichem Wege brachten, dachte man auch über die Schaffung einer supranationalen Verteidigungsgemeinschaft nach. Diese letzte scheiterte an der Nationalversammlung Frankreichs 1951, und ließ dieses Thema von den europäischen Staatschefs erst in Den Haag 1969 wieder aufgreifen[4]. Das war somit die Geburtsstunde der EPZ, die dadurch entstand, dass sie von den Außenministern der beteiligten europäischen Länder im Luxemburger Bericht vorgeschlagen wurde. Die EPZ beschäftigte sich, wenn auch zu Anfang sehr schwach mit verschiedenen gemeinschaftlichen außenpolitischen Fragen der Länder[5]. Der Londoner Bericht 1981 bekräftigte und festigte die Stellung der EPZ als Instrumentarium der politischen Einigung, und sah diesen politischen Be-

---

[4] Vgl.: Internet: Auswärtiges Amt

[5] Vgl.: Internet: Auswärtiges Amt

reich weiter auszubauen[6]. Zu Beginn wurde die EPZ strikt vom EG- System getrennt gehalten, um eben die Einzelsouveränitäten der einzelnen Länder zu erhalten. Sie wurde erst dann an dem europäischen Gemeinschaftssystem herangeführt als man merkte, dass es Sinn machte die EPZ zu stabilisieren und zu fördern, weil diese die gemeinsame Handlespolitik und die außenpolitische Zusammenarbeit zur Gestaltung der Außenbeziehungen berührte[7]. In dem Vertrag von Maastricht, d. h. nach der Erneuerung der Verträge wurde der EPZ einen besonderen Stellenwert gegeben, denn sie ist zur GASP umbenannt, und als zweite Säule der europäischen Union neben den beiden anderen Säulen institutionalisiert worden[8]. Maßgeblich sind die Art. J. 1 – 11 EUV.

2.3 Die GASP als zweite Säule der Europäischen Union

Die GASP baute auf Strukturen auf, die von der EPZ entwickelt wurden.[9] Eine vertragliche Basis für die außenpolitische Zusammenarbeit der Unionsländer war die Einheitliche Europäische Akte (EEA), denn demnach sollten die EG und EPZ kohärente Politik betreiben.[10]

Was soll aber mit der GASP erzielt und realisiert werden? Im Titel V des EUV sind alle Kernpunkte dieses Politikbereiches enthalten. Demnach sind die Ziele der GASP im folgenden aufgeführt.

- Die Wahrung der gemeinsamen Werte, der grundlegenden Interessen, der Unabhängigkeit und der Unversehrtheit der Union im Einklang mit den Grundsätzen der Charta der Vereinten Nationen.

- Die Stärkung der Sicherheit der Union in allen ihren Formen.

- die Wahrung des Friedens und die Stärkung der internationalen Sicherheit entsprechend den Grundsätzen der Charta der Vereinten Nationen sowie den Prinzipien der Schlussakte von Hel-

---

[6] Vgl.: Die Europäische Union, ElkeThiel 1998, S. 216

[7] Vgl.: Reinhard Rummel In Literaturverzeichnis einfügen!!!!!

[8] Vgl.: Die Europäische Union, ElkeThiel 1998, S. 219

[9] Vgl.: Die Europäische Union, ElkeThiel 1998, S. 219

[10] Vgl.: Internet EU-GASP.de

sinki und den Zielen der Charta von Paris, einschließlich derje-
nigen, welche die Außengrenzen betreffen.

- Die Entwicklung und Stärkung von Demokratie und Rechtsstaat-
lichkeit sowie die Achtung der Menschenrechte und Grundfreiheiten[11]

Zwar konnte man sich im Amsterdamer Vertrag über eine gemeinsame
Verteidigungspolitik einigen, ließ aber diesen Bereich für die nächste
Zeit von der gemeinsamen Außenpolitik ausgeklammert[12]. Das letzte
Treffen der Außenminister der künftig 25 EU-Staaten schaffte einen
Durchbruch in der Verteidigungspolitik. Diese letzten haben sich weit-
gehend auf eine gemeinsame Verteidigungspolitik verständigt, die in
der geplanten europäischen Verfassung ihren Niederschlag finden soll.
Demzufolge wird nach Vereinbarung ein Kern von Mitgliedsstaaten un-
abhängig von der NATO militärische Einsätze zentral planen und füh-
ren können[13]

2.4 Struktur und Steuerung der GASP

2.4.1 Der Europäische Rat

Erst nach der Schaffung des Europäischen Rats wurde eine Verbindung
zwischen dem EG-Bereich und der EPZ geschaffen. Denn diese oberste
Instanz der EU kann alle Themen, die wichtig sind behandeln, und Orien-
tierungen für die weitere Entwicklung geben[14]. Des weiteren bestimmt der
Europäische Rat die Grundsätze und die allgemeinen Leitlinien der GASP,
und zwar auch bei Fragen mit verteidigungspolitischen Bezügen[15].

2.4.2 Der Ministerrat

Der Ministerrat ist für die Umsetzung der allgemeinen Leitlinien und Stra-

---

[11] Vgl.: EUV, Titel V, Art. 11 Absatz (1)

[12] Vgl.: Internet EU-GASP.de

[13] Vgl.: Internet FAZ.net

[14] Vgl.: Die Europäische Union, ElkeThiel 1998, S. 216-217

[15] Vgl.: Internet EU-GASP.de

tegien des Europäischen Rats verantwortlich. Ihm stehen verschiedene Instrumente für die GASP zur Verfügung. Er kann als stärkstes Mittel „gemeinsame Aktionen" annehmen, die im Kapitel 3 weiter ausgeführt werden[16].

2.4.3 Die Europäische Kommission

Bei der Festlegung der gemeinsamen Außen- und Sicherheitspolitik ist die Europäische Kommission und das Europäische Parlament beteiligt, wobei die Mitwirkung des Europäischen Parlaments nur auf das Recht der Anhörung beschränkt ist[17].

Bei den beiden anderen Säulen der EU (Europäische Gemeinschaft und Zusammenarbeit in der Innen- und Rechtspolitik) besitzt die Kommission das sog. Initiativrecht, welches bei der GASP nicht nur der Kommission zugeordnet ist. Hier haben die Mitgliedsstaaten ebenfalls ein Initiativrecht[18].

Außerdem ist der oder die entsprechende Kommissar oder Kommissarin Teil der Troika, die die GASP nach Außen vertritt.

2.4.4 Das Europäische Parlament

Das Europäische Parlament spielt im Gegensatz zu den anderen Instanzen im Bereich der gemeinsamen Außen- und Sicherheitspolitik eher eine untergeordnete Rolle. Wie bereits bei der Kommission schon erwähnt hat das Europäische Parlament ein Anhörungsrecht. Es wird regelmäßig von der Kommission und vom Ratvorsitz unterrichtet, es kann Anfragen und Empfehlungen an den Rat geben, und dieser muss dem EP einmal jährlich in einer Aussprache Rede und Antwort stehen[19]

---

[16] Vgl.: Internet EU-GASP.de

[17] Vgl.: Die Europäische Union, ElkeThiel 1998, S. 219-220

[18] Vgl.: Internet EU-GASP.de

[19] Vgl.: Internet EU-GASP.de

3 Gemeinsame Standpunkte und Aktionen

Der Amsterdamer Vertrag sieht drei Stufen der Zusammenarbeit vor:

- die gegenseitige Unterrichtung und Abstimmung
- die Festlegung eines gemeinsamen Standpunktes
- die Durchführung gemeinsamer Aktionen

Generell findet bei jeder außen- und sicherheitspolitischen Frage im Rat eine gegenseitige Unterrichtung und Abstimmung zwischen den Mitgliedsstaaten statt. Der Rat legt außerdem einen gemeinsamen Standpunkt fest in den Fällen, in denen er es für notwendig hält. Der Rat kann auf der Grundlage der vom Europäischen Rat festgelegten allgemeinen Leitlinien einstimmig beschließen, dass eine Angelegenheit Gegenstand einer gemeinsamen Aktion wird[20]. Zur Verdeutlichung der „gemeinsamen Aktionen" sind folgende Beispiele aufgeführt.

- Minenräumung im ehemaligen Jugoslawien (25. 3. 1996)
- Unterstützung des Friedensprozesses im Nahen Osten (19. 4. 1994)
- Stabilitätspakt für Europa (20. 12. 1993)

Im Amsterdamer Vertrag hat sich nicht viel für die GASP geändert. Neu ist der Bereich der „ Gemeinsamen Strategien", der zu einem größeren Themenfeld die Zielsetzung, Dauer und evtl. die benötigten Mittel ausarbeiten soll[21]. Auch hier sind einige aktuelle Beispiele aufgeführt.

- Verabschiedung der EU-Sicherheitsstrategie (Dezember 2003)
- Verabschiedung der Strategie zur Bekämpfung der Verbreitung von Massenvernichtungswaffen (Dezember 2003)[22]

---

[20] Vgl.: Die Europäische Union, ElkeThiel 1998, S. 221

[21] Vgl.: Internet EU-GASP.de

[22] Vgl.: Internet: Auswärtiges Amt

3.1 Die Entwicklung einer gemeinsamen Verteidigungspolitik

Nach dem Scheitern der Europäischen Verteidigungsgemeinschaft traten die Bundesrepublik Deutschland und Italien 1954 der Westeuropäischen Union bei. Die Gründung der Westeuropäischen Union geht auf das Jahr 1948 zurück als der Brüsseler Vertrag als Beistandspakt zwischen Großbritannien, Frankreich und den Benelux-Ländern geschlossen wurde. Die Westeuropäische Union (WEU) spielt eine besondere Rolle, wenn es um der Verteidigungsthematik geht. Der Amsterdamer Vertrag legte zwar eine gemeinsame Verteidigungspolitik- zu gegebener Zeit- eine gemeinsame militärische Verteidigungspolitik der Union in die Zielsetzung der gemeinsamen Außen- und Sicherheitspolitik fest, aber die hierfür notwendigen Entscheidungen und Aktionen sollen zunächst auf Ersuchen der Union von der WEU ausgearbeitet und durchgeführt werden[23]. Doch ganz gelöst oder unabhängig von der NATO sind die Europäer nicht, denn die Streitkräfte der Europäischen Länder gehören der NATO an und sind in der militärischen Organisation des Bündnisses integriert, können aber als Mitglieder der WEU nur mit Unterstützung und Billigung der NATO eigene Kampfverbände aufstellen[24].

3.2 Finanzierung der GASP

Die Finanzierung der GASP- Aktivitäten waren lange ein Streitpunkt der EU- Länder. Klarheit wurde durch den Amsterdamer Vertrag geschaffen. So werden alle Verwaltungsausgaben der GASP vom EG-Haushalt getragen. Anders als die Verwaltungskosten werden die gemeinsamen Aktionen behandelt. Diese werden zwar auch aus dem EG- Haushalt bezahlt bedürfen aber die Zustimmung des Parlaments[25]. Der Rat ist berechtigt den Länder die Kosten für die Aktionen aufzuerlegen, für den Fall dass nicht alle Mitglieder an den Aktionen teilnehmen. Auch die Kosten für das Militär und die Verteidigungsmaßnahmen werden von den Mitgliedsstaaten übernommen[26].

---

[23] Vgl.: Die Europäische Union, ElkeThiel 1998, S. 222

[24] Vgl.: Die Europäische Union, ElkeThiel 1998, S. 224-225

[25] Vgl.: Internet EU-GASP.de

[26] Vgl.: Internet EU-GASP.de

4 Schlussbetrachtung

Meiner Meinung nach ist die zweite Säule der EU die sensibelste der drei Säulen. Das hängt in erster Linie damit zusammen, dass die Europäischen Staaten zwar eine supranationale Außen- und Sicherheits- bzw. Verteidigungsorganisation aufstellen wollen, und zugleich nicht auf die eigenen nationalen Souveränitäten verzichten bzw. nicht an einen internationalen Hoheitsträger übertragen wollen. Man braucht in diesem Punkte nur an den Atommächten Großbritannien und Frankreich zu denken. Selbst der Amsterdamer Vertrag lässt keine konkreten Schlussfolgerungen ziehen, denn die in Art. 11 der EUV aufgeführten Ziele sind einfach zu allgemein formuliert. Vermutlich wird dieser Integrationsprozess einfach länger an Zeit brauchen um echte Erfolge zu erzielen. Ein echter Durchbruch ist bereits beim letzten Außenministertreffen erfolgt und hat sicherlich eine Basis für eine gute Zusammenarbeit unter den Mitgliedsstaaten geschaffen.

Literaturverzeichnis

Bücher

EU- Vertrag , 5 Auflage 2001

Die Europäische Union, Elke Thiel, Opladen 1998

Internet

http://www.auswaertiges-amt.de/www/de/eu_politik/gasp/akteure_html#1

http://home.t-online.de/home/320074111247/Home/arbeit.htm#einleitung

http://www.auswaertiges-amt.de/www/de/eu_politik/gasp/index_html

http://www.spiegel.de/politik/ausland/0,1518,276115,00.html